TEOLOGIA DO PAPA FRANCISCO

ORGANIZAÇÕES POPULARES

FRANCISCO DE AQUINO JÚNIOR

Dados Internacionais de Catalogação na Publicação (CIP)
(Câmara Brasileira do Livro, SP, Brasil)

Aquino Júnior, Francisco de
  Organizações populares / Francisco de Aquino Júnior. – São Paulo : Paulinas, 2018. – (Coleção teologia do Papa Francisco)

  ISBN 978-85-356-4381-7

  1. Francisco, Papa, 1936- 2. Missão da Igreja 3. Obra da Igreja juntos aos pobres 4. Teologia cristã 5. Teologia social I. Título. II. Série.

18-13387   CDD-261.832

Índice para catálogo sistemático:
1. Pobres : Igreja : Teologia social : Cristianismo   261.832

1ª edição – 2018
1ª reimpressão – 2018

Direção-geral: Flávia Reginatto
Conselho editorial: Dr. Antonio Francisco Lelo
    Dr. João Décio Passos
    Maria Goretti de Oliveira
    Dr. Matthias Grenzer
    Dra. Vera Ivanise Bombonatto
Editores responsáveis: Vera Ivanise Bombonatto
    João Décio Passos
Copidesque: Ana Cecilia Mari
Coordenação de revisão: Marina Mendonça
Gerente de produção: Felício Calegaro Neto
Diagramação: Jéssica Diniz Souza

Nenhuma parte desta obra poderá ser reproduzida ou transmitida por qualquer forma e/ou quaisquer meios (eletrônico ou mecânico, incluindo fotocópia e gravação) ou arquivada em qualquer sistema ou banco de dados sem permissão escrita da Editora. Direitos reservados.

Paulinas
Rua Dona Inácia Uchoa, 62
04110-020 – São Paulo – SP (Brasil)
Tel.: (11) 2125-3500
http://www.paulinas.com.br – editora@paulinas.com.br
Telemarketing e SAC: 0800-7010081
© Pia Sociedade Filhas de São Paulo – São Paulo, 2018

TEOLOGIA DO PAPA FRANCISCO

A presente coleção TEOLOGIA DO PAPA FRANCISCO resgata e sistematiza os grandes temas teológicos dos ensinamentos do papa reformador. Os pequenos volumes que compõem mais um conjunto da Biblioteca Francisco retomam os grandes temas da tradição teológica presentes no fundo e na superfície desses ensinamentos tão antigos quanto novos, oferecidos pelo Bispo de Roma. São sistematizações sucintas e didáticas; gotas recolhidas do manancial franciscano que revitalizam a Igreja e a sociedade por brotarem do coração do Evangelho.

CONHEÇA OS TÍTULOS DA COLEÇÃO:

ESPÍRITO SANTO
Victor Codina

IGREJA DOS POBRES
Francisco de Aquino Júnior

IGREJA SINODAL
Mario de França Miranda

ORGANIZAÇÕES POPULARES
Francisco de Aquino Júnior

INTRODUÇÃO

Se é impactante a importância e centralidade que os pobres, marginalizados e sofredores têm no ministério pastoral do Papa Francisco, mais impactante ainda é sua percepção e insistência no caráter estrutural da pobreza, marginalização e sofrimento no mundo. Isso o torna particularmente sensível aos mecanismos econômicos, sociais, políticos e culturais que produzem injustiça e marginalização, bem como aos processos e organizações populares em defesa dos direitos dos pobres e marginalizados.

Para Francisco, a "opção pelos pobres", que é constitutiva da missão da Igreja, não se restringe a práticas cotidianas de *assistência a necessidades imediatas*, por mais importante e necessário que isso seja. Ela implica e passa também pela vivência e pelo fortalecimento de uma *cultura de solidariedade* que "pense em termos de comunidade" (EG, 188) e que reconheça "a função social da propriedade e o destino universal dos bens" (EG, 189). E tem que enfrentar as *causas estruturais da pobreza e injustiça no mundo*: "A Igreja 'não pode nem deve ficar à margem na luta pela justiça'" (EG, 183). De modo que o compromisso com os pobres envolve "tanto a cooperação para resolver as causas estruturais da pobreza e promover o desenvolvimento integral dos pobres, como os gestos mais simples e diários de solidariedade para com as misérias muito concretas que encontramos" (EG, 188); passa tanto pelos gestos cotidianos de solidariedade quanto pela luta pela transformação das estruturas da sociedade.

E aqui se explicam o apreço e o interesse do Papa Francisco pelos movimentos e organizações populares e, concretamente, os encontros mundiais que tem realizado com eles para discutir os grandes problemas do mundo e as alternativas que vêm sendo gestadas nas periferias do mundo. Enquanto força social que luta pelos direitos dos pobres e marginalizados, os movimentos populares se constituem como mediação de justiça no mundo e, como tal, têm um caráter salvífico-espiritual. Nas palavras de Francisco: são "uma bênção para a humanidade".

Interessa, aqui, *explicitar* esse caráter salvífico-espiritual das lutas e organizações populares, tal como aparece nos discursos do papa nos encontros mundiais com os movimentos populares, e *desenvolver* sua densidade e seu fundamento teológicos, fortalecendo, assim, o engajamento e o compromisso dos cristãos com os pobres e marginalizados em suas lutas e organizações.

1
"UMA BÊNÇÃO PARA A HUMANIDADE"
DENSIDADE TEOLÓGICA DAS LUTAS E ORGANIZAÇÕES POPULARES

Os encontros do Papa Francisco com os movimentos populares revelam sua preocupação e seu interesse pelos grandes *problemas* socioambientais do mundo atual, bem como pelos *sujeitos* que se esforçam para mudar essa situação e se dedicam ao cuidado da casa comum e pelos *processos sociais* que eles suscitam e desenvolvem no mundo inteiro. Mas revelam também sua percepção da *densidade teológica* ou do caráter espiritual dos problemas socioambientais e das lutas e organizações populares.

Se chama atenção ou mesmo se incomoda muita gente o papa ficar falando dos problemas do mundo atual e (pior ainda, para muitos) tratar disso com os movimentos populares, chama mais atenção e incomoda muito mais tratar esses problemas e esses movimentos como questão de fé e, portanto, como questão de Igreja. Estamos tão acostumados a uma visão dualista que separa e até opõe espiritual e material e tende a identificar espiritual com culto e doutrina, que causa estranheza falar de questões socioambientais e organizações e lutas populares como questões espirituais. E é precisamente sobre esse ponto que queremos tratar aqui. Mostrar como o Papa Francisco encara os problemas socioambientais, a luta pela justiça e a relação com os movimentos populares como um aspecto ou uma dimensão fundamental da fé cristã e da missão da Igreja no mundo. É verdade que esse não é o tema de seus discursos nos encontros mundiais com os movimentos populares. Nesses discursos, ele trata dos grandes problemas de nosso tempo, dos esforços e das lutas para superar esses problemas e da importância e do papel dos movimentos populares nesse processo. Mas trata tudo isso a partir da fé cristã e no contexto mais amplo da missão da Igreja no mundo atual. A familiaridade com que aborda essas questões e a naturalidade com que as formula em linguagem teológico-eclesial são muito reveladoras de sua percepção e convicção do caráter espiritual dessas questões.

No desenvolvimento do tema, recolheremos nos discursos do papa os textos que falam explicitamente da relação da fé e da Igreja com os problemas socioambientais e com as lutas e organizações populares e, a partir daí, explicitaremos melhor a densidade teológica desses problemas e dessas lutas e organizações populares.

1. DISCURSOS DO PAPA FRANCISCO NOS ENCONTROS MUNDIAIS COM OS MOVIMENTOS POPULARES

Já advertimos que os discursos do Papa Francisco nos encontros mundiais com os movimentos populares não tratam diretamente do caráter teologal dos problemas socioambientais e das lutas e organizações populares. Mas o modo como ele aborda e formula essas questões mostra que elas não são alheias nem indiferentes à fé cristã e à missão da Igreja. Não são questões meramente econômicas, sociais, políticas, culturais, ambientais etc. São também e mais radicalmente questões espirituais; questões que dizem respeito, positiva e/ou negativamente, ao desígnio salvífico de Deus neste mundo ou à realização histórica do reinado de Deus. Daí sua importância fundamental para a Igreja. Daí a necessidade de a Igreja se enfrentar e se envolver com essas questões.

Importa, aqui, em todo caso, recolher nos discursos proferidos nos três encontros mundiais dos movimentos populares (28/10/2014; 09/06/2015; 05/11/2016)[1] os textos onde Francisco indica ou esboça explicitamente o cará-

---

[1] Cf. PAPA FRANCISCO. *Discurso do Papa Francisco aos participantes do Encontro Mundial dos Movimentos Populares*. Brasília: CNBB, 2015; id. *Discurso do Papa Francisco no II Encontro Mundial dos Movimentos Populares*. Brasília: CNBB, 2015; id. *Discurso do Papa Francisco aos participantes do III Encontro Mundial dos Movimentos Populares*. Brasília: CNBB, 2016. A partir de agora, os números entre parênteses, sem outra indicação, remetem a páginas (1, 2, 3 etc.) dos referidos discursos (I, II, III).

ter salvífico-espiritual dos problemas socioambientais e das lutas e organizações populares, bem como a necessidade de a Igreja se envolver com essas questões. Organizaremos e apresentaremos os referidos textos por afinidade temática, indicando, assim, os aspectos teológicos da problemática que aparecem nos três discursos analisados.

A. Deus-pobres

– "A Bíblia lembra-nos de que Deus escuta o clamor de seu povo e também eu quero voltar a unir a minha voz à vossa: terra, teto e trabalho para todos os nossos irmãos e todas as nossas irmãs. Disse-o e repito: são direitos sagrados. Vale a pena, vale a pena lutar por eles. Que o clamor dos excluídos seja escutado na América Latina e em toda a terra" (II, 5s).

B. Sinal dos tempos

– "Este encontro dos movimentos populares é um sinal, um grande sinal: viestes apresentar diante de Deus, da Igreja e dos povos uma realidade que muitas vezes passa em silêncio. Os pobres não suportam a injustiça, mas também lutam contra ela" (I, 5).

C. Macroecumenismo

– "Nós que estamos aqui, de diferentes origens, credos e ideias, talvez não estejamos de acordo acerca de tudo, certamente pensamos de modo diverso sobre muitas coisas, mas, sem dúvida, estamos de acordo sobre estes pontos" (III, 7):

"trabalho digno para os que estão excluídos do mercado de trabalho; terra para os camponeses e as populações indígenas; habitações para as famílias desabrigadas; integração urbana para os bairros populares; eliminação da discriminação, da violência contra as mulheres e das novas formas de escravidão; fim de todas as guerras, do crime organizado e da repressão; liberdade de expressão e de comunicação democrática; ciência e tecnologia a serviço dos povos"; "um projeto de vida que rejeite o consumismo e recupere a solidariedade, o amor entre vós e o respeito pela natureza como valores essenciais" (III, 6s).

– "Peço-vos, por favor, que rezeis por mim, e aos que não podem rezar, peço, pensai bem de mim e mandai-me boas energias. Obrigado!" (III, 23).

D. Sistema/mercado-idolatria

– "Estamos vivendo uma terceira Guerra Mundial, mas por etapas. Há sistemas econômicos que, para sobreviver, devem fazer guerras. Então, fabricam-se e vendem-se armas e, assim, os balanços das economias que sacrificam o homem aos pés do ídolo do dinheiro obviamente estão salvos"; "um sistema econômico centrado no 'deus dinheiro' tem também necessidade de saquear a natureza, saquear a natureza para manter o ritmo frenético de consumo que lhe é próprio" (I, 15).

– Temos "um sistema que, apesar de acelerar irresponsavelmente os ritmos da produção, apesar de implementar métodos na indústria e na agricultura que sacrificam a Mãe

Terra na área da 'produtividade', continua a negar a milhões de irmãos os mais elementares direitos econômicos, sociais e culturais. Esse sistema vai contra o projeto de Jesus" (II, 15s).

– Há uma nova forma de "colonialismo" na América Latina que é "o poder anônimo do ídolo dinheiro: corporações, credores, alguns tratados denominados 'livre comércio' e a imposição de medidas de 'austeridade' que sempre apertam o cinto dos trabalhadores e dos pobres" (II, 18s).

– "Aquele 'fio invisível' [...], aquela estrutura injusta que une todas as exclusões que vós padeceis, pode consolidar--se e transformar-se em um chicote, um chicote existencial que, como no Egito do Antigo Testamento, escraviza, rouba a liberdade, golpeia sem misericórdia certas pessoas e ameaça constantemente outras, para abater todos como animais, até onde o dinheiro divinizado quiser" (III, 9).

– "Há quase cem anos, Pio XI previu a imposição de uma ditadura global da economia, à qual chamou 'imperialismo internacional do dinheiro' [QA, 109] [...] e foi Paulo VI que denunciou, há quase cinquenta anos, a 'nova forma abusiva de domínio econômico nos planos social, cultural e até político' [AO, 44] [...]. A Igreja e os profetas dizem há milênios aquilo que tanto escandaliza que o papa repita neste tempo, no qual tudo isto alcança expressões inéditas. Toda a doutrina social da Igreja e o magistério dos meus predecessores estão revoltados contra o ídolo dinheiro, que reina em vez de servir, tiraniza e aterroriza a humanidade" (III, 10).

E. Missão da Igreja

– "É estranho, mas se falo disto para alguns, o papa é comunista. Não compreende que o amor aos pobres está no centro do Evangelho. Terra, casa e trabalho, aquilo pelo que lutais, são direitos sagrados. Exigi-lo não é estranho, é a doutrina social da Igreja" (I, 7s).

– Falando da construção de "uma alternativa humana à globalização exclusiva", afirma que "a Igreja não pode nem deve estar alheia a esse processo no anúncio do Evangelho. Muitos sacerdotes e agentes de pastoral realizam uma grande tarefa acompanhando e promovendo os excluídos em todo o mundo, ao lado de cooperativas, dando impulso a empreendimentos, construindo casas, trabalhando abnegadamente nas áreas de saúde, desporto e educação. Estou convencido de que a cooperação amistosa com os movimentos populares pode fortalecer esses esforços e os processos de mudança" (II, 13).

– "Digamos sem medo: queremos uma mudança, uma mudança real, uma mudança de estruturas. Esse sistema é insuportável [...] A globalização da esperança que nasce dos povos e cresce entre os pobres deve substituir esta globalização da exclusão e da indiferença" (II, 7).

– "Não é tão fácil definir o conteúdo da mudança, ou seja, o programa social que reflita este projeto de fraternidade e justiça que esperamos. Nesse sentido, não esperem uma receita deste papa. Nem o papa nem a Igreja têm o monopólio da interpretação da realidade social e da proposta de solução para os problemas contemporâneos" (II, 14).

– Falando de colonialismo, reconhece: "Com pesar, digo: 'em nome de Deus', cometeram-se muitos e graves pecados com os povos nativos da América [...] também quero que recordemos os milhares de sacerdotes e bispos que se opuseram fortemente à lógica da espada, com a força da cruz" (II, 20s).

– "A casa comum de todos nós está sendo saqueada, devastada, arrasada impunemente. A covardia em defendê-la é um pecado grave [...]. Peço-vos, em nome de Deus, que defendais a Mãe Terra" (II, 22).

– "Este sistema já não funciona. Devemos mudá-lo, devemos voltar a pôr a dignidade humana no centro e sobre aquele pilar devem ser construídas as estruturas sociais alternativas das quais precisamos. Com paixão, mas sem violência [...]. Nós, cristãos, temos algo muito bonito, uma linha de ação, um programa, poderíamos dizer, revolucionário": "as bem-aventuranças no capítulo 5 de São Mateus e 6 de São Lucas e também o trecho de São Mateus 25" (I, 16s).

– "A justa distribuição dos frutos da terra e do trabalho humano não é mera filantropia. É um dever moral. Para os cristãos, o encargo é ainda mais forte: É um mandamento. Trata-se de devolver aos pobres e às pessoas o que lhes pertence. O destino universal dos bens não é um adorno retórico da doutrina social da Igreja. É uma realidade anterior à propriedade privada" (II, 16).

– "São muitos os que, na Igreja, se sentem mais próximos dos movimentos populares. Muito me alegro por isso! Ver a Igreja com as portas abertas a todos vós, que se envolvem, acompanham e conseguem sistematizar em cada diocese, em cada comissão 'justiça e paz' uma colaboração real, permanente e comprometida com os movimentos populares" (II, 5).

– "Maria é sinal de esperança para os povos que sofrem dores de parto até que brote a justiça" (II, 13).

F. Movimentos populares

– "Vós, a partir dos movimentos populares, assumis as tarefas comuns motivados pelo amor fraterno que se rebela contra a injustiça social" (II, 10); "Esse apego ao bairro, à terra, ao território, à profissão, à corporação, esse reconhecer-se no rosto do outro, essa proximidade no dia a dia, com suas misérias e os seus heroísmos cotidianos, é o que permite realizar o mandamento do amor" (II, 11).

– Solidariedade "é muito mais do que alguns gestos de generosidade esporádicos. É pensar e agir em termos de comunidade, de prioridade da vida de todos sobre a apropriação dos bens por parte de alguns. É também lutar contra as causas estruturais da pobreza, da desigualdade, da falta de trabalho, da terra e da casa, da negação dos direitos sociais e laborais. É fazer frente aos efeitos destruidores do império do dinheiro: as deslocações forçadas, as emigrações dolorosas, o tráfico de pessoas, as drogas, as guerras, a violência e todas aquelas realidades que muitos de vós suportam e que todos estamos chamados a transformar. A solidariedade, entendida no sentido mais profundo, é uma forma de fazer história, e é isso que os movimentos populares fazem" (I, 6).

– Comentando Mc 3,1-6: "Às vezes penso que quando vós, pobres organizados, inventais o vosso trabalho, criando uma cooperativa, recuperando uma fábrica falida, reciclando os descartes da sociedade consumista, enfrentando a inclemência do tempo para vender em uma praça, reivindicando um pequeno pedaço de terra para cultivar e alimentar quem tem fome, quando fazeis isso imitais Jesus, porque procurais curar, mesmo que seja só um pouco e de modo precário, essa atrofia do sistema socioeconômico imperante que é o desemprego" (III, 13).

– "Peço-vos que exerçais aquela solidariedade tão singular que existe entre os que sofreram. Vós sabeis recuperar fábricas das falências, reciclar aquilo que outros abandonam, criar postos de trabalho, cultivar a terra, construir habitações, integrar bairros segregados e reclamar de modo incessante, como a viúva do Evangelho que pede justiça insistentemente. Talvez, com o vosso exemplo e a vossa insistência, alguns Estados e organizações internacionais abram os olhos e adotem medidas adequadas para acolher e integrar plenamente todos aqueles que, por um motivo ou por outro, procuram refúgio longe de casa. E também para enfrentar as profundas causas pelas quais milhares de homens, mulheres e crianças são expulsos cada dia da sua terra natal" (III, 17).

– "É imprescindível que, a par da reivindicação dos seus legítimos direitos, os povos e as organizações sociais construam uma alternativa humana à globalização exclusiva. Vós sois semeadores de mudança. Que Deus vos dê coragem, alegria, perseverança e paixão para continuar a semear. Podeis ter a certeza de que, mais cedo ou mais tarde, vamos ver os frutos" (II, 12).

– Três grandes tarefas: "pôr a economia a serviço da vida", "unir os nossos povos no caminho da paz e da justiça" e "defender a Mãe Terra" (II, 14-22);

– Sobre o "medo" que é "alimentado, manipulado" (cf. III, 11). "Gostaria de vos pedir que continueis a contrastar o medo com uma vida de serviço, solidariedade e humanidade a favor dos povos e, sobretudo, dos que sofrem. Podereis errar muitas vezes, todos erramos, mas se perseverarmos nesse caminho, cedo ou tarde, veremos os frutos. O amor cura tudo" (III, 22).

– "Sei que muitos de vós arriscam a vida. Sei – e desejo recordá-lo, quero recordá-lo – que hoje alguns não estão aqui porque apostaram a sua vida... Por isso, não há maior amor do que dar a própria vida. É isto que Jesus nos ensina" (III, 13).

– "Quando olhamos o rosto dos que sofrem [...] quando recordamos estes 'rostos e nomes' estremecem nossas entranhas diante de tanto sofrimento e comovemo-nos... Porque 'vimos e ouvimos', não a fria estatística, mas as feridas doloridas da humanidade, as nossas feridas, a nossa carne. Isso é muito diferente da teorização abstrata ou da indignação elegante. Isso nos comove, nos move e procuramos o outro para nos movermos juntos. Esta emoção feita ação comunitária é incompreensível apenas com a razão: tem um *plus* de sentido que só os povos entendem e que confere a sua mística particular aos verdadeiros movimentos populares" (II, 10s).

– "Atrevo-me a dizer que o futuro da humanidade está, em grande medida, em vossas mãos, na vossa capacidade de vos organizar e promover alternativas criativas na busca diária dos '3T' (terra, teto e trabalho), e também na vossa participação como protagonistas nos grandes processos de mudanças nacionais, regionais e mundiais. Não se acanhem" (II, 9).

– "Continueis a vossa luta, fazei o bem para todos. É como uma bênção para a humanidade"; "Rezo por vós, rezo convosco e desejo pedir a Deus que vos acompanhe e abençoe, vos cubra com seu amor e vos acompanhe no caminho, dando-vos abundantemente aquela força que vos mantém em pé: esta força é a esperança, a esperança que não desilude" (I, 18s; cf. II, 23; III, 23).

2. CARÁTER SALVÍFICO-ESPIRITUAL DAS LUTAS E ORGANIZAÇÕES POPULARES

Os discursos do Papa Francisco nos encontros mundiais com os movimentos populares mostram como os grandes problemas do mundo e as lutas e organizações populares têm uma dimensão estritamente teologal, isto é, dizem respeito, positiva e/ou negativamente, ao desígnio salvífico de Deus neste mundo: seja como obstáculo ou negação (pecado, seja como sinal e/ou mediação (salvação). Nada neste mundo é indiferente a Deus e ao seu desígnio salvífico nem pode ser indiferente à Igreja, enquanto "povo de Deus", "corpo de Cristo" e "templo do Espírito" no mundo.

Como bem afirma o Concílio Vaticano II, a Igreja é e deve ser sempre mais "sacramento" ou "sinal e instrumento" de salvação ou do reinado de Deus neste mundo (cf. LG, 1, 5, 9, 48). Não por acaso, a Constituição pastoral *Gaudium et Spes*, sobre a Igreja no mundo de hoje, começa afirmando que

> as alegrias e as esperanças, as tristezas e as angústias dos homens de hoje, sobretudo dos pobres e de todos os que sofrem, são também as alegrias e as esperanças, as tristezas e as angústias dos discípulos de Cristo. Não se encontra nada verdadeiramente humano que não lhes ressoe no coração (GS, 1).

E a Conferência de Medellín na América Latina é ainda mais concreta e precisa:

> Assim, como outrora Israel, o antigo povo, sentia a presença salvífica de Deus quando o libertava da opressão do Egito, quando o fazia atravessar o mar e o conduzia à conquista da terra prometida, assim também nós, novo povo de Deus, não podemos deixar de sentir seu passo que salva, quando se dá o "verdadeiro desenvolvimento, que é, para cada um e para todos, a passagem

de condições de vida menos humanas [carências materiais, carências morais, estruturas opressoras] para condições mais humanas [posse do necessário, vitória sobre as calamidades sociais, conhecimentos, cultura, dignidade, espírito de pobreza, cooperação no bem comum, paz]" (Medellín, Introdução).

É que, segundo as Escrituras, Deus se *revela* como Salvador que escuta o clamor de seu povo e o liberta da escravidão (cf. II, 5) e como Pai que cuida de seus filhos e os socorre em suas necessidades (cf. III, 12s). E a relação com ele ou a *fé* está determinada e configurada por esse jeito de ser/agir de Deus na história de Israel e na vida/práxis de Jesus de Nazaré. Enquanto adesão a Deus, a fé constitui participação em seu desígnio salvífico no mundo. Ela é, sem dúvida, um "dom" (Ef 2,8), mas um dom que, uma vez acolhido, recria--nos, inserindo-nos ativamente em seu próprio dinamismo: "Criados por meio de Cristo Jesus para realizarmos as boas ações que Deus nos confiara como tarefa" (Ef 2,10).

A partir daqui se pode compreender com o Papa Francisco como tudo que atenta contra a vida humana e o conjunto da criação constitui um atentado contra Deus e seu desígnio salvífico-criador e, portanto, como *pecado*. E como tudo que gera, conserva e defende a vida humana e cuida de nossa casa comum colabora com o desígnio salvífico--criador de Deus e se constitui, objetivamente, para além de toda consciência e intencionalidade, como mediação de *salvação* no mundo.

Tudo o que se opõe à obra criadora e ao desígnio salvífico de Deus no mundo é *pecado* e a Igreja deve reagir e lutar contra todo tipo de pecado. Por isso Francisco reage com tanta determinação contra um sistema que produz pobreza e exclusão, descarta tanta gente e destrói a criação. Fala desse sistema como um "chicote existencial" semelhante ao do Egito no Antigo Testamento (cf. III, 9) e como "ídolo/idolatria" (cf. I, 15: II, 18; III, 9, 10) – uma das expressões mais fortes na Bíblia para falar de oposição a Deus. Diz que ele "vai contra o projeto de Jesus" (cf. II, 16).[2] Reconhece e pede perdão pelos "muitos e graves pecados" que a Igreja, "em nome de Deus", cometeu na época da colonização "contra os povos nativos" (II, 20). E afirma que a "covardia" em defender a casa comum é um "pecado grave" (cf. II, 22).

E tudo que promove e defende a vida humana, sobretudo dos pobres e marginalizados, e o conjunto da criação é sinal da presença salvífica de Deus e mediação de salvação no mundo – independentemente de vínculo eclesial e/ou religioso. E a Igreja deve discernir, perscrutar, cuidar, anunciar e promover todos esses sinais. Por isso Francisco

---

[2] A Conferência de Medellín (1968) já falava de "estruturas injustas" como "cristalização" de "verdadeiros pecados" (Justiça, I). E a Conferência de Puebla (1979) reconhece que a pobreza "não é uma etapa casual, mas sim o produto de determinadas situações e estruturas econômicas, sociais e políticas" (30), e chega a falar explicitamente de "dimensão social do pecado", de "estruturas de pecado" ou de "pecado social" (28, 70, 73, 281, 282, 452, 487, 1258). E aos poucos, não sem resistências e tensões, isso se vai impondo e sendo assumido como um aspecto fundamental da fé e da doutrina cristã.

valoriza e promove tanto "aquela solidariedade tão especial/singular que existe entre os que sofrem" (I, 6; III, 17) e que vai dos pequenos gestos de partilha às alternavas de sobrevivência e às lutas por direitos e pela transformação da sociedade (cf. I, 6, 13s; III, 13, 17). Por isso recorda com tanta alegria os "milhares de sacerdotes e bispos que se opuseram fortemente à lógica da espada, com a força da cruz", e que "defenderam a justiça dos povos originários": foram mediadores da "graça" na época da "conquista" (II, 21). E por isso apoia e incentiva tanto as lutas e os movimentos populares (cf. I, 18s; II, 23; III, 23).

Ele fala dos direitos dos pobres como "direitos sagrados" (I, 8). Assemelha e vincula a prática da solidariedade às "curas" feitas por Jesus (cf. III, 13). Refere-se às lutas e aos movimentos populares como um "sinal dos tempos" (I, 5), como expressão de "solidariedade" e "forma de fazer história" (I, 6), como expressão do "amor fraterno" ou forma de "realizar o mandamento do amor" (II, 10s), como "semeadores de mudanças" na construção de uma "alternativa humana à globalização exclusiva" (II, 12), como lugar de martírio – prova maior de amor (III, 13), enfim, como "uma bênção para a humanidade" (I, 18).

Por essa razão, diz ele, a Igreja não pode ficar indiferente às lutas e organizações populares. Ela "não pode nem deve estar alheia a esse processo no anúncio do Evangelho", mas deve cooperar com os movimentos populares, fortalecendo os "esforços e os processos de mudança" na sociedade (II, 13). Francisco sabe que isso não é bem aceito na Igreja e que provoca muita resistência. Sabe, inclusive, que ele é criticado e chamado de "comunista" por defender essas coisas (cf. I, 7). Mas insiste que isso não é estranho à missão da Igreja. Pertence à sua Tradição mais genuína e está no centro do Evangelho e da "doutrina social da Igreja" (I, 8-9; II, 16; III, 10):

– "O amor pelos pobres está no centro do Evangelho" (I, 8).

– "A Igreja e os profetas dizem a milênios aquilo que tanto escandaliza que o papa repita neste tempo, no qual tudo isto alcança expressões inéditas. Toda a doutrina social da Igreja e o magistério dos meus predecessores estão revoltados contra o ídolo dinheiro, que reina em vez de servir, tiraniza e aterroriza a humanidade" (III, 10).

– "A justa distribuição dos frutos da terra e do trabalho humano não é mera filantropia. É um dever moral. Para os cristãos, o encargo é ainda mais forte: É um mandamento. Trata-se de devolver aos pobres e às pessoas o que lhes pertence. O destino universal dos bens não é um adorno retórico da doutrina social da Igreja. É uma realidade anterior à propriedade privada" (II, 16).

Francisco tem consciência da dimensão e da complexidade do desafio da construção de um mundo mais justo e fraterno (cf. II, 10). Sabe que "nem o papa nem a Igreja têm o monopólio da interpretação da realidade social e da proposta de solução para os problemas contemporâneos" (II, 14; cf. III, 20). Sabe que essa tarefa envolve pessoas e grupos de "diferentes origens, credos e ideias" que pensam "de modo diverso sobre muitas coisas", mas que estão unidos na luta pela justiça social e pelo cuidado da casa comum (III, 6ss). Sabe, inclusive, que os movimentos sociais não estão livres de tentação e pecado e, por isso, adverte contra o uso da violência (I, 16), contra o risco de cooptação (III, 11ss) e de corrupção (III, 20ss), contra a burocracia e a rigidez (I, 17s), contra "certo excesso de diagnósticos, que às vezes nos leva a um pessimismo charlatão ou a nos alegrarmos com o negativo" ou a pensarmos que "não haja nada que possamos fazer além de cuidar de nós mesmos e do pequeno círculo de nossas famílias e de nossos amigos" (II, 9), e sobre a necessidade de uma "conversão sincera das atitudes e do coração" das pessoas (II, 10).

Mas tem também consciência de nossa corresponsabilidade eclesial na luta pela justiça social e no cuidado da casa comum. Por isso, insiste que "a Igreja não pode nem deve ficar alheia a esse processo" (II, 13) e exorta com a autoridade e a força do Evangelho: "Peço-vos, em nome de Deus, que defendais a mãe terra" (II, 22), indicando como referência da (colabora)ação cristã nesse processo as bem-aventuranças (Mt 5 e Lc 6) e a parábola do juízo final (Mt 25) ((I, 16s). E por isso promove a "cultura do encontro" (I, 17) e destaca o potencial (re)criativo dos pobres (II, 9) e a importância e o papel dos movimentos populares: eles têm "os pés na lama e as mãos na carne" e têm "cheiro" de "bairro, povo, luta" (I, 7); são portadores de uma "torrente de energia moral que nasce da integração dos excluídos na construção do destino comum" (I, 18); "expressam a necessidade urgente de revitalizar as nossas democracias" (I, 18; cf. III, 19); são "semeadores de mudança" (II, 10) – de "uma mudança redentora" (II, 7); com eles, "sente-se o vento de promessa que reacende a esperança de um mundo melhor" (I, 7); enfim, são "como uma bênção para a humanidade" (I, 18).

Nada disso é absolutamente novo na Igreja, sobretudo na Igreja da América Latina. Tudo isso se pode encontrar em muitos documentos do magistério e de modo particular nas teologias da libertação, e, ainda, se pode verificar na ação pastoral de milhares de cristãos e comunidades e grupos eclesiais pelo continente afora (II, 5). Mas não deixa de ser impactante e de provocar uma desconcertante e comprometedora alegria evangélica o fato de isso ser dito com tanta clareza e sem meios-termos por um papa e, mais ainda, em um encontro com os movimentos populares. É como um novo sopro desestabilizador do Espírito, invocado na Igreja como "Pai dos pobres", que "atua a partir de baixo",[3] convocando, congregando, ungindo e comprometendo com a causa dos pobres e o cuidado da casa comum.

---

[3] Cf. CODINA, Victor. *El Espíritu del Señor actua desde abajo*. Maliaño: Sal Terrae, 2015.

É como um novo pentecostes que prolonga e atualiza a missão de Jesus de anunciar e tornar presente o reinado de Deus neste mundo: como "fermento, sal e luz", como "semente de mostarda", como "trigo em meio ao joio", como "tesouro ou pérola preciosa". Os pobres deste mundo são, nele, juízes e senhores de nossas vidas, de nossas Igrejas, de nossas pastorais e de nossas teologias...

2
TEOLOGALIDADE DAS RESISTÊNCIAS E LUTAS POPULARES[1]

A teologia da libertação latino-americana nasceu e se desenvolveu no seio das resistências e das lutas populares. A participação de cristãos e comunidades cristãs em lutas e organizações populares fez a Igreja se confrontar com a problemática de sua compatibilidade com a fé cristã, explicitando o caráter estritamente teologal dessas lutas e organizações. Com as expressões *teologal* e *teologalidade*, queremos insistir no caráter espiritual ou salvífico das resistências e lutas populares como algo real e objetivo, independentemente da intencionalidade e da consciência que se tenha disso. Esse caráter não vem da consciência e da reflexão que se possa ou se deva fazer sobre ele. Não é a reflexão teológica que faz com que as resistências e lutas populares sejam ou tenham algo de salvífico ou espiritual. Pelo contrário. A teologia só pode falar do caráter espiritual ou salvífico desses processos porque eles, em si mesmos, não

---

[1] Publicado em: *IHU – Cadernos de Teologia Pública*, n. 126, v. XIV, 2017.

obstante seus limites e suas ambiguidades, são ou têm algo de espiritual ou salvífico.

Esse novo lugar social (resistências, lutas e organizações populares) e essa nova problemática (teologalidade das resistências e lutas populares) possibilitaram o desenvolvimento de um fazer teológico consequente com aquilo que está no núcleo da experiência bíblica de Deus: a parcialidade pelos pobres e marginalizados. E não só do ponto de vista emergencial (assistência imediata), mas também do ponto de vista estrutural (estruturas da sociedade). Assim nascia e se desenvolvia o que se convencionou chamar teologia da libertação em suas diversas configurações (perspectivas, acentos, mediações, linguagens etc.).

Para essas teologias, as resistências, lutas e organizações populares não são apenas um assunto entre outros a ser tratado teologicamente (tema), mas são também e mais radicalmente um aspecto essencial da experiência bíblica de Deus (dimensão) e um lugar privilegiado para o fazer teológico em sua totalidade (perspectiva). Desde o início, Gustavo Gutiérrez insistia que a teologia da libertação, mais que "um novo tema" para a reflexão, propõe "uma maneira nova de fazer teologia": "uma teologia que não se limita a pensar o mundo, mas procura situar-se como um momento do processo por meio do qual o mundo é transformado, abrindo-se [...] ao dom do Reino de Deus".[2] O que só pode

---

[2] GUTIÉRREZ, Gustavo. *Teologia da libertação: perspectivas*. São Paulo: Loyola, 2000, p. 73s.

ser compreendido num contexto eclesial em que, como afirma Francisco Taborda, "a práxis histórica de libertação" se torna a "feição epocal da fé". Certamente, "a feição epocal não é a única feição, nem sequer a mais frequente, mas é a que melhor responde aos desafios do momento"³ ou, em todo caso, a que se confronta de modo mais consequente com o aspecto mais determinante da fé em um determinado contexto.

Isso explica a importância e centralidade das resistências e lutas populares nas mais diversas teologias da libertação, mesmo quando não se aborda direta e explicitamente a questão. E isso justifica a importância e necessidade de retomada e tematização do caráter teologal ou espiritual das resistências e lutas populares. Mais ainda num contexto histórico de aprofundamento das injustiças e desigualdades e de crise de esperança e num contexto eclesial de aversão ou indiferença aos grandes problemas do mundo na contramão do Concílio Vaticano II e da Conferência de Medellín, não obstante o empenho e a atuação profética do Papa Francisco.

Nossa pretensão aqui é retomar a problemática da teologalidade das resistências e lutas populares. Partindo da experiência bíblica de Deus (revelação-fé), explicitaremos o caráter estritamente teologal ou espiritual das resistências e

---

³ TABORDA, Francisco. *Sacramentos, práxis e festa: para uma teologia latino--americana dos sacramentos*. Petrópolis: Vozes, 1994, p. 24.

lutas populares (salvação), bem como sua densidade e relevância epistemológicas (teologia).

1. EXPERIÊNCIA BÍBLICA DE DEUS

Falar de caráter teologal ou espiritual das resistências e lutas populares é dizer que elas têm a ver com Deus e seu desígnio salvífico para a humanidade (revelação) e, consequentemente, com a relação ou o vínculo com ele (fé). É mostrar como essas resistências e lutas populares se inserem na história de Deus com seu povo. É explicitar suas potencialidades e suas ambiguidades salvíficas.

Para isso, é preciso partir da história de Deus com seu povo. Só nessa história e a partir dela podemos falar de Deus e da relação com ele, por mais que seu mistério e seu desígnio salvífico não se esgotem em nenhuma experiência concreta. Deus é sempre mais (*transcende*). Mas é sempre mais nessa história (transcende *em*). Nunca falamos de Deus sem mais. Falamos sempre de um Deus muito concreto e a partir de uma experiência muito concreta de Deus. Por mais abstratos e universais que sejam nossos discursos, são sempre, de alguma forma, abstrações e universalizações de uma experiência concreta ou, em todo caso, feitos a partir de experiências concretas. E por mais unidade que haja entre essas experiências de Deus, ela só pode ser percebida e articulada a partir dessas experiências concretas.

No nosso caso, tradição judaico-cristã, falamos de Deus a partir de sua história com Israel. História que atinge sua plenitude em Jesus de Nazaré, a quem confessamos como Cristo de Deus. O discurso cristão sobre Deus é inseparável de sua presença/ação na história de Israel e na vida de Jesus de Nazaré. A tal ponto que ele não será nomeado simplesmente como Deus, mas como o *Deus de Israel* e como o *Pai de Jesus Cristo*.[4]

Esse Deus se mostra e se dá a conhecer como um Deus presente e atuante na história e partidário dos pobres e marginalizados (revelação). E a relação com ele é uma relação histórica mediada pelo compromisso com os pobres e marginalizados (fé). De modo que nenhum discurso sobre Deus e/ou sobre a experiência de Deus que prescinda e menos ainda que se contraponha à sua historicidade e parcialidade pelos pobres e marginalizados pode ser tido como cristão em sentido estrito.

A. Revelação

O Deus judaico-cristão é um Deus *presente e atuante na história* e um Deus que age *em favor dos pobres e mar-*

---

[4] Cf. GUTIÉRREZ, Gustavo. *O Deus da vida.* São Paulo: Loyola, 1992; MUÑOZ, Ronaldo. *O Deus dos cristãos.* Petrópolis: Vozes, 1989; id. Dios Padre. In: ELLACURÍA, Ignacio; SOBRINO, Jon. *Mysterium Liberationis. Conceptos fundamentales de Teología de la Liberatación II.* San Salvador: UCA, 1994, p. 531-549; Id. *Trindade de Deus Amor oferecido em Jesus, o Cristo.* São Paulo: Paulinas, 2002; GONZÁLEZ, Antonio. *Trinidad y liberación: La teología trinitaria considerada desde la perspectiva de la teología de la liberación.* San Salvador: UCA, 1994.

ginalizados. São as duas características mais importantes e decisivas da revelação de Deus na história de Israel e na vida de Jesus de Nazaré.[5]

A Bíblia não fala de Deus em termos abstratos e universais, mas em termos históricos. Ela narra a história de Deus com seu povo. E essa história não é uma história qualquer, mas uma história de salvação na qual Deus se manifesta "enquanto salvador, no ato mesmo de salvar".[6] É a experiência fundamental que a Escritura nos transmite. No *Antigo Testamento*, Deus liberta o povo da escravidão e no contexto dessa libertação dá-se a conhecer: "na ação mesma de salvar a seu povo Deus diz quem ele é e o diz justamente salvando".[7] A revelação do nome de Deus (Ex 3,14) é inseparável do Êxodo e, por isso mesmo, deve ser lida a partir e em função do Êxodo. No *Novo Testamento*, a revelação de Deus é inseparável da ação salvadora de Jesus: a boa notícia do reinado de Deus. A "palavra" que Deus "comunicou" (At 10,36), diz Pedro, não é outra senão "o que aconteceu por toda a Judeia, começando pela Galileia" (At 10,37): "Deus ungiu com o Espírito Santo e poder a Jesus de Nazaré, que

---

[5] Cf. PIXLEY, Jorge. *A história de Israel a partir dos pobres*. Petrópolis: Vozes, 2002; LÉON-DUFOUR, Xavier. *Agir segundo o Evangelho: Palavra de Deus*. Petrópolis: Vozes, 2003; FABRIS, Rinaldo. *A opção pelos pobres na Bíblia*. São Paulo: Paulinas, 1991.
[6] GONZÁLEZ, op. cit., p. 59.
[7] Ibid.

passou fazendo o bem e curando todos os possuídos pelo diabo, porque Deus estava com ele" (At 10,38).

Enquanto salvador, ele se manifesta como um Deus partidário dos pobres e marginalizados (Jt 9,11), a ponto de se identificar com eles (Mt 25,31-46). Como tem insistido Jon Sobrino,

> a relação de Deus com os pobres deste mundo aparece como uma constante em sua revelação [...] a relação Deus-pobres no Êxodo, nos profetas ou em Jesus não é apenas conjuntural e passageira, mas estrutural. Existe uma correlação transcendental entre revelação de Deus e clamor dos pobres.[8]

A libertação dos pobres e marginalizados no Êxodo e na práxis de Jesus de Nazaré não é algo secundário ou periférico na revelação de Deus, mas algo constitutivo dessa revelação, algo que diz respeito ao Mistério mais profundo de Deus. Revelar-se no processo de libertação do Êxodo (e não no processo de dominação do Faraó) e na práxis libertadora de Jesus de Nazaré (e não na práxis de César) não é mero detalhe, casualidade ou roupagem, mas algo essencial, algo que tem a ver com o Mistério mesmo de Deus que não pode assumir a "forma" de um Faraó ou de um César (tirano) sem se negar a si mesmo (Pai).

---

[8] SOBRINO, Jon. Teología en un mundo sufriente. La teología de la liberación como "intellectus amoris". In: *El principio-misericordia. Bajar de la cruz a los pueblos crucificados*. Santander: Sal Terrae, 1992, p. 47-80, aqui p. 55.

Essa experiência de Deus narrada na Escritura, além de ser a experiência originante da tradição judaico-cristã, constitui seu critério e sua norma permanentes. É claro que, enquanto acontecimento histórico, a revelação é um processo vivo, dinâmico, aberto. E não só no que diz respeito à sua compreensão (sempre limitada...), mas, mais radicalmente, no que diz respeito à sua realização histórica (sempre atual...). É que Deus continua agindo através de seu Espírito. A revelação não é algo meramente passado, mas algo muito atual. E atual não só em termos de recordação, mas em termos de realização histórica. Por isso, a teologia não pode ser reduzida a uma espécie de arqueologia salvífica. Ela é inteligência da ação salvífica de Deus *hoje* através de seu Espírito. Daí a densidade teológica do presente, dos atuais processos históricos.

Mas não se deve esquecer que o *Espírito de Deus*, presente e atuante na história, não é outro senão o *Espírito de Jesus Cristo*. Sua missão, como lembra o Evangelho de João, é ensinar e recordar tudo o que Jesus disse (Jo 14,26), dizer e explicar o que ouviu/recebeu de Jesus (Jo 16,13-14), dar testemunho de Jesus (Jo 15,26). E, assim, é inseparável de Jesus de Nazaré, a ponto da vida/carne de Jesus ser tomada na Escritura como critério fundamental e definitivo de discernimento dos espíritos (1Jo 4,1-3; 1Cor 12,1-3): é de Deus, se faz em nós o que fez em Jesus de Nazaré. O Espírito Santo é o Espírito de Jesus de Nazaré; o Espírito que o ungiu, o conduziu e o sustentou em sua missão de anunciar a boa notícia aos pobres (Lc 4,18s; At 10,38). Não por acaso, o Espírito é invocado na Igreja, em um hino muito antigo, como "Pai dos pobres". E os estudos pneumatológicos na América Latina[9] têm insistido muito que "o Espírito do Senhor atua a partir de baixo", para usar uma expressão muito cara a Victor Codina.[10]

B. Fé

A fé é o ato pelo qual se adere confiante e fielmente ao Deus que se revelou na história de Israel e definitivamente na vida/práxis de Jesus de Nazaré. E, assim, está constitutivamente referida, determinada e configurada pelo jeito de ser/agir desse Deus na história de Israel e na práxis de Jesus de Nazaré. Não se pode compreender a fé cristã senão a partir e em função do Deus de Israel e de Jesus de Nazaré. Ela é resposta à proposta desse Deus. A iniciativa é dele

---

[9] Cf. PIXLEY, Jorge. *Vida no espírito. O projeto messiânico de Jesus depois da ressurreição.* Petrópolis: Vozes, 1997; CODINA, Victor. *Creio no Espírito Santo. Pneumatologia narrativa.* São Paulo: Paulinas, 1997; id. *"Não extingais o Espírito" (1Ts 1,19): iniciação à pneumatologia.* São Paulo: Paulinas, 2010; id. *El Espíritu del Señor actua desde abajo.* Santander: Sal Tarrae, 2015; COMBLIN, José. *O Espírito Santo e a Tradição de Jesus. Obra póstuma.* São Bernado do Campo: Nhanduti, 2012; BOFF, Leonardo. *O Espírito Santo: fogo interior, doador de vida e Pai dos pobres.* Petrópolis: Vozes, 2013; MANZATTO, Antonio; PASSOS, João Décio; MONNERAT, José Flávio. *A força dos pequenos. Teologia do Espírito Santo.* São Paulo: Paulus, 2013.

[10] Cf. CODINA, Victor. *El Espíritu del Señor actua desde abajo,* cit., p. 187.

(proposta). Mas, para se tornar real e efetiva, precisa ser assumida por nós (resposta). Nesse sentido, a fé é, sem dúvida, um "dom" (Ef, 2,8), mas um dom que, uma vez acolhido, nos recria, inserindo-nos ativamente em seu próprio dinamismo: "Criados por meio de Cristo Jesus para realizarmos as boas ações que Deus nos confiara como tarefa" (Ef 2,10). É, portanto, *dom-tarefa*: algo que *recebemos* para *realizar*.

Enquanto tal, a fé tem um dinamismo fundamentalmente práxico. É uma dinâmica de vida, um jeito de viver a vida: viver como Jesus viveu. É *seguimento* de Jesus de Nazaré, o iniciador e consumador da fé (Hb 12, 2).[11] Certamente, a fé é um *ato inteligente* e tem seu momento de verdade. Mas nem é pura intelecção nem essa intelecção é sem mais uma doutrina conceitualmente bem elaborada. E certamente ela tem também sua *expressão simbólico-ritual*. Mas essa expressão não é senão manifestação mais ou menos adequada e eficaz do seguimento real de Jesus de Nazaré. Não se trata de contrapor o caráter práxico da fé a seus momentos de verdade/teoria e/ou de expressão

---

[11] Cf. CODINA, Victor. Fe en Cristo y opción por los pobres. In: *Una Iglesia Nazarena: Teología desde los insignificantes*. Santander: Sal Tarrae, 2010, p. 29-43; SOBRINO, Jon. Seguimento de Jesus. In: FLORISTÁN SAMANES, Cassiano; TAMAYO-ACOSTA, Juan José. *Dicionário de Conceitos Fundamentais do Cristianismo*. São Paulo: Paulus, 1999, p. 771-775; BOMBONATTO, Vera Ivanise. *Seguimento de Jesus: uma abordagem segundo a cristologia de Jon Sobrino*. São Paulo: Paulinas, 2002; CÁTEDRA CHAMINADE. *El seguimiento de Jesus*. Madrid: Fundación Santa María, 2004; AQUINO JÚNIOR, Francisco. A fé como seguimento de Jesus Cristo. *REB* 292 (2013), p. 788-815.

simbólico-ritual. Trata-se apenas de advertir contra o risco de redução intelectualista ou ritualista da fé, compreendendo-a e assumindo-a em sua globalidade e com suas várias dimensões (também intelectual e litúrgica!) como práxis do seguimento de Jesus de Nazaré.

A insistência no caráter práxico da fé não põe em risco o primado da graça nem, consequentemente, cai na tentação da autossuficiência e autossalvação humanas, como se a salvação fosse fruto de nossa ação (individual ou coletiva), antes que dom gratuito de Deus. Não devemos esquecer que se nós amamos, "amamos porque ele nos amou primeiro" (1Jo 4,19) e que "o amor vem de Deus" (1Jo 4,7). Não existe contradição entre a ação de Deus e a ação humana. Uma não implica a negação da outra. Pelo contrário, ambas se implicam e se remetem mutuamente. Como afirma Jon Sobrino, "tem sido um erro frequente situar a experiência da gratuidade no que recebemos, como se a ação fosse meramente 'obra' do homem". Na verdade, "o dom se experimenta como dom na própria doação".[12] Na formulação de Antonio González, "a ação humana não é, sem mais, 'obra' do homem, mas 'o dom se experimenta como dom na própria doação', enquanto fundamento da mesma. Desse

---

[12] SOBRINO, Jon. *Cristología desde América Latina: Esbozo a partir del seguimiento del Jesús histórico*. México: CRT, 1977, p. 193.

modo, a fé é atividade humana enquanto *entrega* a Deus como fundamento da própria vida".[13]

E essa entrega a Deus significa concretamente configuração da vida a ele e colaboração em sua atuação histórica em favor dos pobres e marginalizados. A entrega a Deus é sempre mediada pela participação em sua ação salvífica no mundo (historicidade); uma ação em favor dos pobres e marginalizados (parcialidade). Como bem afirma o Papa Francisco, "existe um vínculo indissolúvel entre nossa fé e os pobres" (EG, 48). "Todo o caminho da nossa redenção está assinalado pelos pobres" (EG, 197). Fora desse dinamismo salvífico em favor dos pobres e marginalizados não se pode falar propriamente de fé cristã, uma vez que ela não pode ser vivida nem pensada independentemente nem muito menos em contraposição ao dinamismo salvífico de Deus que se historicizou em Israel e definitivamente na vida de Jesus de Nazaré. E aqui se pode compreender perfeitamente a insistência profética de Jon Sobrino de que "fora dos pobres não há salvação".[14] Afinal, se a fé é entrega a um Deus salvador dos pobres e marginalizados, ela nos insere necessariamente em seu dinamismo salvífico em favor dos pobres e marginalizados. A tal ponto que isso se torna sinal,

---

[13] GONZÁLEZ, op. cit., p. 68s. Cf. ZUBIRI, Xavier. *El hombre y Dios*. Madrid: Alianza Editorial, 2003, p. 210-222.
[14] SOBRINO, Jon. *Fuera de los pobres no hay salvación: Pequeños ensayos utópico-proféticos*. Madrid: Trotta, 2007.

critério e medida da fé (cf. Mt 25,31-46; Lc 10,25-37). É pelos frutos que se conhece a árvore (cf. Lc 6,44)...

Revelação e fé constituem dois aspectos do processo de realização histórica da salvação. Aspectos que se remetem e se implicam mutuamente. Está em jogo a realização histórica da salvação. Um acontecimento que se vai realizando em processos de libertação: *Israel* no Egito e na Babilônia; *pobre/órfão/viúva/estrangeiro* em Israel. E aqui estão sempre implicados Deus e povo. Deus se revela enquanto salvador no ato mesmo de salvar seu povo: Deus *de* Israel, Deus *dos* pobres e marginalizados. E à medida que o povo vai aderindo a esse Deus e fazendo a vida em comunhão com ele, vai se constituindo como seu povo: povo *de* Deus. Nisso consiste a experiência de Deus narrada na Escritura. Ela constitui o coração da Torá, da atuação dos profetas, da sabedoria de Israel e da vida e missão de Jesus de Nazaré e suas comunidades.

Se há algo que não se pode negar nem ofuscar na Sagrada Escritura é a centralidade dos pobres e oprimidos na história da salvação. Deus aparece (revelação) como *Go'el* que resgata seus parentes da escravidão, como *Pastor* que apascenta as ovelhas, como *Rei* que faz justiça aos pobres e oprimidos, como *Pai* que cuida de seus filhos e os socorre em suas necessidades. E a relação com ele (fé) passa sempre pela observância e defesa do direito do pobre e oprimido, pela proximidade ao caído à beira do caminho. Todas as imagens ou metáforas que a Escritura usa para falar da ação de Deus e da interação entre Deus e seu povo (*Go'el*, Pastor, Rei, Pai etc.) revelam a centralidade dos pobres e marginalizados, expressos no quarteto "pobre-órfão-viúva-estrangeiro". Joachim Jeremias, exegeta alemão, insistiu muito em que o "traço decisivo" do reinado de Deus, centro e resumo da pregação de Jesus, consiste na "oferta da salvação feita por Jesus aos pobres".[15] De modo que a salvação dos pobres e marginalizados constitui o coração da história de Deus com seu povo, a ponto de se tornar critério e medida de fidelidade à Aliança de Deus com Israel e de adesão ou rejeição ao reinado de Deus anunciado por Jesus de Nazaré.

2. CARÁTER SALVÍFICO DAS RESISTÊNCIAS E LUTAS POPULARES

Foi a retomada da experiência bíblica de Deus (realização histórica da salvação) que permitiu à Igreja latino-americana compreender a densidade e relevância teologal ou espiritual das resistências e lutas populares: perceber nas resistências e nos processos históricos de libertação a presença/ação salvífica de Deus, um sinal do Espírito que age a partir de baixo. Medellín é muito claro a esse respeito:

---

[15] JEREMIAS, Joachim. *Teologia do Novo Testamento*. São Paulo: Hagnos, 2008, p. 176.

Assim, como outrora Israel, o antigo povo, sentia a presença salvífica de Deus quando o libertava da opressão do Egito, quando o fazia atravessar o mar e o conduzia à conquista da terra prometida, assim também nós, novo povo de Deus, não podemos deixar de sentir seu passo que salva quando se dá o "verdadeiro desenvolvimento que é, para cada um e para todos, a passagem de condições de vida menos humanas para condições mais humanas".[16]

É verdade que a Igreja não percebeu isso sozinha nem por si mesma. Ela foi provocada pelos movimentos sociopolíticos de libertação. Foram eles que recolheram os clamores do povo e os articularam em diversas lutas e organizações sociais nas mais diferentes regiões do continente.

Mas é verdade também que só à medida que a Igreja redescobriu que a experiência bíblica de Deus é fundamentalmente uma experiência histórica de libertação das mais diferentes formas de injustiça, opressão e marginalização, pôde perceber e compreender a densidade teológica dos processos históricos de libertação. É que, como adverte Ignacio Ellacuría, "origem" e "princípio" não são a mesma coisa e "nem toda origem se converte em princípio". Por mais que a Igreja tenha sido despertada e convocada para colaborar nos processos históricos de libertação pelos movimentos e organizações sociais (origem), a libertação só pôde ser assumida pela Igreja por constituir "a essência

---

[16] CELAM. *Conclusões de Medellín*. São Paulo: Paulinas, 1987, p. 7.

mesma da mensagem revelada, do dom salvífico de Deus aos homens" (princípio).[17] E é verdade também que isso não aconteceu na Igreja de uma hora para outra nem a toque de mágica, mas foi preparado por um longo processo de renovação teológico--pastoral que culminou com o Concílio Vaticano II e se desenvolveu em seu processo de recepção eclesial, sobretudo na América Latina. Convém destacar aqui dois aspectos desse processo de renovação eclesial que foram decisivos para a percepção da densidade espiritual dos processos históricos de libertação.

Em primeiro lugar, o esforço de superação do dualismo natural-sobrenatural que dominou a reflexão teológica durante séculos.[18] Querendo "salvar" a gratuidade da salvação, ele acabava comprometendo o caráter criatural/gracioso do mundo, tornando a salvação irrelevante para este mundo e enfraquecendo o compromisso da Igreja com a transformação deste mundo. Isso vai levar o concílio a compreender a Igreja como "sinal e instrumento de salvação" no mundo (LG, 1, 9, 48) e a afirmar que o "divórcio entre a fé professada e a vida cotidiana de muitos deve ser enumerado entre

---

[17] Cf. ELLACURÍA, Ignacio. En torno al concepto y a la idea de liberación. In: *Escritos Teológicos I*. San Salvador: UCA, 2000, p. 629-657, aqui p. 631 e 629 respectivamente.
[18] Cf. LADARIA, Luis. Natural e sobrenatural. In: SESBOÜÉ, Bernard (dir.). *História dos dogmas*. Tomo 2. O homem e sua salvação. São Paulo: Loyola, 2003, p. 313-343.

os erros mais graves de nosso tempo". Não se deve criar "oposição artificial entre as atividades profissionais e sociais de uma parte e, de outra, a vida religiosa", pois "ao negligenciar os seus deveres temporais, o cristão negligencia os seus deveres para com o próximo e o próprio Deus e coloca em perigo a sua salvação eterna" (GS, 43).

Em segundo lugar, a redescoberta da universalidade da salvação que extrapola os limites visíveis da Igreja e se realiza muitas vezes por caminhos que nos são desconhecidos (cf. NA; LG, 16). Isso vai levar o concílio a afirmar que "a Igreja Católica nada rejeita do que há de verdadeiro e santo [nas outras] religiões", a reconhecer que elas "refletem lampejos daquela Verdade que ilumina todos os homens" e a exortar a todos a que "reconheçam, mantenham e desenvolvam os bens espirituais e morais, como também os valores socioculturais que entre eles se encontram" (NA, 2). O concílio chega, inclusive, a afirmar que "não podemos [...] invocar a Deus como Pai se recusamos o tratamento fraterno a certos homens, criados também à imagem de Deus" (NA, 5). Isso vai ser fundamental e decisivo para a percepção da salvação fora da Igreja.

Mas nada disso compromete nem ofusca a grande novidade que se deu na Igreja latino-americana e que diz respeito precisamente à descoberta da densidade espiritual dos processos históricos de libertação. Não se trata apenas da participação de cristãos em processos históricos de libertação – *apesar* de sua fé. Nem se trata apenas de uma compreensão histórico-abstrata de salvação e de uma abertura genérica para o mundo. Trata-se, antes e mais radicalmente, de uma retomada do sentido bíblico da salvação que se realiza em processos históricos de libertação e de assumir esses processos não apesar da fé, mas precisamente na fé e por causa da fé. A historicidade da salvação se materializa em processos históricos de libertação. Daí o caráter salvífico desses processos, não obstante seus limites e suas ambiguidades. Daí a importância e centralidade desses processos na vivência da fé, particularmente em um contexto como o nosso, marcado por profundas injustiças, opressões e marginalizações.

A redescoberta e explicitação do caráter salvífico dos processos históricos de libertação e de sua importância e centralidade na vivência da fé foram, sem dúvida nenhuma, um dos senão o aporte mais importante da Igreja latino-americana: tanto em sua ação pastoral quanto em sua reflexão teológica.

Do ponto de vista da ação pastoral, isso confirmou e levou milhares de cristãos a se engajarem nos processos históricos de libertação através de lutas e organizações populares as mais diversas em todo o continente. Centenas de cristãos, dentre os quais se encontram muitos presbíteros e até bispos, chegaram a dar a vida nesses processos – são mártires da justiça do Reino. Isso provocou e/ou sensibilizou o conjunto da Igreja latino-americana para o compromisso com os pobres e a luta pela justiça mediante o que se convencionou chamar "opção preferencial pelos pobres" – "uma das peculiaridades que marca a fisionomia da Igreja latino-americana e caribenha" (DAp, 391).

Do ponto de vista da reflexão teológica, a consciência e o desenvolvimento dessa problemática foram criando, em meio a tensões e ambiguidades, alguns consensos teológicos fundamentais:[19] superação do dualismo natural x sobrenatural ou profano x sagrado; historicidade da salvação; salvação como libertação; libertação integral; necessidade de mediações históricas da salvação/libertação, não obstante seus limites e suas ambiguidades; tensão escatológica entre o "já" e o "ainda não" da salvação/libertação; os pobres como "lugar teológico", dentre outros. É verdade que esses

---

[19] Cf. GUTIÉRREZ, Gustavo. *Teologia da libertação: perspectivas*, cit., p. 195-363; BOFF, Leonardo. *Teologia do cativeiro e da libertação*. Petrópolis: Vozes, 1980, p. 73-102; BOFF, Leonardo; BOFF, Clodovis. *Da libertação: o teológico das libertações sócio-históricas*. Petrópolis: Vozes, 1980; SEGUNDO, Juan Luis. Libertad y liberación. In: ELLACURÍA, Ignacio; SOBRINO, Jon. *Mysterium Liberationis: Conceptos fundamentales de la Teología de la Liberación I*. Madrid: Trotta, 1994, p. 373-391; ELLACURÍA, Ignacio. El desafio cristiano de la teologia de la liberación. In: *Escritos Teológicos I*. San Salvador: UCA, 2000, p. 19-33; id. *Los pobres, "lugar teológico" en América Latina*, cit., p. 139-161; id. História de la salvación. In: op. cit., p. 597-628; Id. En torno al concepto y a la idea de liberación. In. op. cit., p. 629-657; id. La Iglesia de los pobres, sacramento histórico de liberación. *Escritos Teológicos II*. San Salvador: UCA, 2000, p. 453-485.

consensos teológicos fundamentais em boa medida foram mais intuídos e esboçados que ampla e suficientemente desenvolvidos.[20] E é verdade também, como reconhece Juan Luis Segundo, que foram muito rapidamente tomados como pressupostos evidentes: como se fossem algo evidente e consensual na Igreja e como se fossem algo resolvido que dispensasse maiores investigações e desenvolvimentos.[21] Em todo caso, eles foram decisivos para a compreensão e explicitação do caráter teologal ou espiritual das resistências, das lutas e das organizações populares.

No que diz respeito especificamente a esse caráter teologal ou espiritual das resistências, lutas e organizações populares, podemos destacar dois aspectos fundamentais que se implicam mutuamente.

Por um lado, elas denunciam e se enfrentam com as "estruturas de pecado" que continuam matando os filhos e filhas de Deus neste mundo, isto é, os mecanismos econômicos, políticos, jurídicos, culturais, religiosos etc. que negam as condições materiais de vida a grande parte da população, que oprimem e marginalizam amplos setores da sociedade e que legitimam as mais diferentes formas

---

[20] Cf. GUTIÉRREZ, op. cit., 1996, p. 197.
[21] Cf. SEGUNDO, Juan Luis. Criticas y autocriticas de la teologia de la liberación. In: COMBLIN, José; GONZÁLEZ FAUS, José Ignacio; SOBRINO, Jon. *Cambio social y pensamento Cristiano en América Latina*. Madrid: Trotta, 1993, p. 215-236, aqui p. 219.

de injustiça, opressão e marginalização. Aquilo que desde Medellín e Puebla se convencionou chamar "estruturas de pecado", "pecado estrutural" ou "pecado social".

Por outro lado, elas se constituem como "mediadoras de salvação", na medida em que buscam e ensaiam alternativas de vida e sobrevivência em meio à miséria, injustiça e marginalização, bem como novas formas e novos mecanismos de organização da sociedade que garantam a efetivação dos direitos dos setores empobrecidos e marginalizados, para além de sua afirmação formal. E isso independentemente de seu vínculo religioso e eclesial, da consciência do caráter salvífico de sua ação e dos limites e das ambiguidades dessa ação.[22]

Trata-se, aqui, da denúncia e do enfrentamento do pecado em sua dimensão socioestrutural (pecado cristalizado e mediado em estruturas sociais), bem como da realização da salvação em sua dimensão socioestrutural, isto é, do esforço de organização da sociedade segundo o espírito evangélico que tem nas necessidades e nos direitos dos pobres e marginalizados seu critério e sua medida permanentes (mediação da salvação em estruturas sociais).

---

[22] Cf. GUTIÉRREZ, Gustavo. Libertação e salvação. In: *Teologia da libertação: perspectivas*. São Paulo: Loyola, 2000, p. 199-239; BOFF, Leonardo. O "sobrenatural" no processo de libertação. In: *Do lugar do pobre*, cit., p. 79-102; BOFF, Leonardo; BOFF, Clodovis. *Da libertação: o teológico das libertações sócio-históricas*. Petrópolis: Vozes, 1980; AQUINO JÚNIOR, Francisco de. Fé-política: uma abordagem teológica. In: *A dimensão socioestrutural do reinado de Deus: escritos de teologia social*. São Paulo: Paulinas, 2011, p. 173-195.

A afirmação do caráter teologal ou espiritual das resistências, das lutas e das organizações populares em sua dupla dimensão de denúncia/enfrentamento do pecado socioestrutural e ensaio/mediação socioestrutural da salvação não significa absolutização dessas resistências, lutas e organizações nem negação das ambiguidades e contradições aí existentes (e onde não há ambiguidade e contradição???). Elas não são a salvação ou o reinado de Deus *sem mais e em sua plenitude*, como não o é nenhum processo histórico social ou eclesial. Mas são *sinais e mediações históricos* da salvação ou do reinado de Deus neste mundo. Sinais e mediações limitados, ambíguos e contraditórios, mas reais e verdadeiros.

Nas palavras de Leonardo Boff: "as libertações históricas são [...] antecipações e concretizações, sempre limitadas, mas reais, da salvação que será plena somente na eternidade"; entre "Reino de Deus e sociedade justa" há uma "identificação" (se identifica *em*), mas não há uma "identidade" (não se identifica *com*).[23]

Nas palavras de Gustavo Gutiérrez:

> O crescimento do Reino é um processo que se dá historicamente na libertação [...], porém não se esgota nela; realizando-se em fatos históricos libertadores, denuncia seus limites e ambiguidades, anuncia-lhe a plena realização e impele-o efeti-

---

[23] BOFF, Leonardo; BOFF, Clodovis. *Da libertação: o teológico das libertações sócio-históricas*, cit., p. 26 e 58 respectivamente.

vamente à comunhão total [...] Pode-se dizer que o fato histórico, político, libertador *é* crescimento do Reino, *é* acontecer salvífico, mas não é *a* chegada do Reino, nem *toda* a salvação.[24]

É claro que a salvação ou o reinado de Deus não pode ser reduzido à sua dimensão social, nem a dimensão social da salvação ou do reinado de Deus pode ser reduzida aos processos organizados de luta pela transformação das estruturas da sociedade. A salvação ou o reinado de Deus diz respeito a todas as dimensões da vida humana (pessoal, social, histórica) e à totalidade da criação (cosmos); realiza-se na história, mas abrindo e transcendendo a história para além de seus limites espaço-temporais (transcendência na história). E a dimensão social da salvação ou do reinado de Deus diz respeito à diversidade de formas e níveis de vínculo social: relações interpessoais (família, comunidade, conhecidos, associações etc.) e relações impessoais ou estruturais (costumes, normas, leis, estruturas econômicas, políticas etc.).[25] Mesmo a luta pela justiça e pela transformação da sociedade é muito mais ampla e complexa que os movimentos e as organizações populares. Seja porque tem muitas dimensões e precisa ser assumida e mediada por muitos grupos e setores da sociedade. Seja porque está

---

[24] GUTIÉRREZ, op. cit., p. 237.
[25] Cf. AQUINO JÚNIOR, Francisco de. A dimensão social da fé. In: *A dimensão socioestrutural do reinado de Deus: escritos de teologia social*, cit., p. 15-28.

enraizada em processos mais básicos e sutis de resistência popular: a luta cotidiana pela vida e a solidariedade primária vivida nas situações limites da vida.[26] Aquilo que Jon Sobrino chama de "santidade primordial".[27]

E é claro também que os processos históricos de libertação (resistências, lutas e organizações populares) não são puros nem perfeitos. São limitados, ambíguos e contraditórios. Têm seus pecados: reducionismo, fechamento, autoritarismo, sectarismo, centralismo, personalismo, violência, corrupção, machismo, racismo, homofobia, antropocentrismo, desrespeito e agressão aos próprios companheiros, dentre outros. E precisam ser purificados, alargados e dinamizados com a luz e a força do Evangelho. O reconhecimento de sua densidade teologal ou espiritual não pode ofuscar nem comprometer a necessidade de conversão e o chamado à mesma, inclusive para não comprometer ainda mais sua densidade espiritual e intensificá-la.

Vale a pena recordar aqui a Terceira Carta Pastoral de Dom Oscar Romero, que tem como título "A Igreja e as

---

[26] Cf. AQUINO JÚNIOR, Francisco de. "Tudo tem jeito. Só não tem jeito para a morte." A esperança que vem das ruas e dos lixões. In: *A dimensão socioestrutural do reinado de Deus: Escritos de teologia social*, cit., p. 197-212; id. Entre ruas: fé e esperança de um povo. Espiritualidade da Pastoral do Povo da Rua. In: *Viver segundo o espírito de Jesus Cristo. Espiritualidade como seguimento*. São Paulo: Paulinas, p. 47-58.
[27] SOBRINO, Jon. *Terremoto, terrorismo, barbarie y utopia: El Salvador, Nueva York, Afeganistán*. Madrid: Trotta, 2002, p. 35-37, 125-135.

organizações políticas populares".²⁸ Ao tratar das "relações entre a Igreja e as organizações populares", ele faz uma dupla consideração. No *nível prático*, "tudo depende da situação histórica real". No *nível teórico*, é preciso levar em conta "três princípios" fundamentais: "a natureza própria da Igreja"; "a Igreja a serviço de povo"; "a inserção dos esforços libertadores na salvação cristã". No contexto da explicitação desses princípios, faz algumas afirmações que são decisivas no que diz respeito à densidade teologal ou espiritual das lutas e organizações populares e da relação da Igreja com essas mesmas lutas e organizações populares:

– "A missão própria que Cristo confiou à sua Igreja não é de ordem política, econômica ou social. O fim que lhe atribuiu é de ordem religiosa. Mas precisamente desta mesma missão religiosa derivam funções, luzes e energias que podem servir para estabelecer e consolidar a comunidade humana segundo a lei divina" (GS, 42).²⁹

– "Compete à Igreja recolher tudo que haja de humano na causa e na luta do povo, sobretudo dos pobres. A Igreja se identifica com a causa dos pobres quando eles exigem seus legítimos direitos."³⁰

---

[28] Cf. ROMERO, Monseñor Oscar; RIVERA, Monseñor Arturo. La Iglesia y las organizaciones políticas populares. In: CENTRO MONSEÑOR ROMERO. *Cartas Pastorales y Discursos de Monseñor Oscar A. Romero*. San Salvador: UCA, 2007, p. 67-105.
[29] Ibid., p. 80.
[30] Ibid., p. 83.

– "Esta solidariedade com os objetivos justos não está limitada a determinadas organizações. Chamem-se cristãs ou não, estejam protegidas legal ou realmente pelo governo ou sejam independentes ou opostas a ele, à Igreja só interessa uma condição para apoiá-las na força de seu Evangelho: que o objetivo da luta seja justo. Assim como também denunciar com sincera imparcialidade o que é injusto em qualquer organização, onde quer que se encontre."[31]

– "A Igreja, temos dito, alenta e fomenta os justos anseios de organização e apoia, no que tem de justo, suas reivindicações. Mas o serviço da Igreja a esses legítimos esforços de libertação não estaria completo, se ela não os iluminasse com a luz de sua fé e de sua esperança cristã, situando-os no desígnio global da salvação realizada pelo redentor Jesus Cristo."[32]

– "Se, por apoiar qualquer grupo em seus esforços de libertação temporal, a Igreja perdesse essa perspectiva global da salvação cristã, então 'a Igreja perderia sua significação mais profunda, sua mensagem de libertação não teria nenhuma originalidade e se prestaria a ser monopolizada e manipulada... não teria autoridade para anunciar, da parte de Deus, a libertação' (EM, 32)."[33]

---

[31] Ibid., p. 83.
[32] Ibid., p. 84s.
[33] Ibid., p. 85.

Isso mostra a complexidade da problemática do caráter teologal ou espiritual das lutas e organizações populares. Elas devem ser consideradas tanto no que têm de mediação positiva da salvação ou do reinado de Deus neste mundo, quanto em seus limites e em suas ambiguidades e contradições com relação à realização histórica da salvação ou do reinado de Deus. Aqui, em todo caso, quisemos explicitar o caráter salvífico das lutas e organizações populares, sem reduzir a salvação à sua dimensão socioestrutral nem negar as ambiguidades e contradições salvíficas aí presentes.

3. DENSIDADE E RELEVÂNCIA EPISTEMOLÓGICAS DAS RESISTÊNCIAS E LUTAS POPULARES

A teologia é *inteligência da fé* a *serviço da fé*. É um esforço intelectivo de apreensão, explicitação e elaboração sapiencial-teórica da fé. E tal esforço está sempre a serviço da vivência e do fortalecimento dessa mesma fé. De modo que a teologia se configura e se desenvolve num duplo movimento: da vivência da fé à inteligência da fé e da inteligência da fé à vivência da fé. De uma forma ou de outra, ela é sempre um momento da fé: momento intelectivo e/ou momento iluminador. Sem fé não há teologia (*inteligência* da fé), e sem fé a teologia é um discurso ineficaz e inútil (*serviço* à fé).[34]

---

[34] Cf. GUTIERREZ, Gustavo. *A verdade vos libertará: confrontos*. São Paulo: Loyola, 2000, p. 19-21; id. *Beber no próprio poço: itinerário espiritual de um povo*. Petrópolis: Vozes, 1984, p. 49-52; ELLACURÍA, Ignacio. Relación teoría

É verdade que o desenvolvimento da inteligência da fé pode exigir e de fato exige certo distanciamento da experiência imediata da fé. O fazer teológico enquanto atividade intelectiva tem exigências, dinamismos e todo um aparato teórico (hábitos, métodos, capacidades, conhecimentos etc.) que lhe confere certa autonomia em relação à vivência imediata da fé. E esse distanciamento é importante inclusive para ajudar a comunidade eclesial a alargar os horizontes da fé e evitar ou superar possíveis desvios e instrumentalizações da fé. Mas isso não significa nem pode levar jamais a uma separação e independência total do fazer teológico em relação à fé. Sempre que isso acontece, a teologia perde vitalidade, torna-se arqueologia, vira um discurso religioso ineficaz e inútil, por mais erudito e progressista que seja ou pareça. Na formulação mais precisa e rigorosa de Ignacio Ellacuría, "deixa de ser um *intelectus fidei* para ser um estudo de inoperatividades".[35] E essa é uma tentação permanente no fazer teológico: refugiar-se em textos e erudicionismos academicistas, abandonando a realidade concreta onde Deus se faz presente e atua.

Um dos grandes méritos da teologia da libertação foi enfrentar-se teologicamente com os processos históricos,

---

y praxis en la teología de la liberación. In: *Escritos Teológicos I*, cit., p. 235-245; MORO, Ulpiano Vázquez. Padecer e saber. *Perspectiva Teológica 48*, sup. 1 (2016), p. 13-17.

[35] ELLACURÍA, Ignacio. Relación teoría y praxis en la teología de la liberación. In: *Escritos Teológicos I*, cit., p. 235-245, aqui p. 241s.

discernindo aí os sinais e apelos de Deus a seu povo e ajudando a comunidade eclesial a se envolver nesses processos a partir e em função dos pobres e marginalizados, colaborando, assim, com a realização histórica da salvação ou do reinado de Deus. Isso deu vitalidade ao fazer teológico na América Latina, tornando-o mais consequente do ponto de vista teórico (momento da práxis) e teológico (momento consciente e reflexo da realização histórica da salvação ou do reinado de Deus). Mais que um estudo de textos e doutrinas, a teologia foi sendo desenvolvida como aquilo que deve ser: inteligência da fé a serviço da fé, em um contexto marcado por profundas desigualdades e injustiças sociais. É claro que o desenvolvimento da inteligência da fé implica, como um de seus momentos constitutivos fundamentais, estudo da Escritura e de toda a Tradição eclesial, mas como um momento do processo maior de inteligência da fé real e concreta da comunidade eclesial em um contexto muito concreto.

Do ponto de vista epistemológico isso implicou, para além do nível de consciência e elaboração teórica, um primado do real (salvação) sobre o teórico (doutrina da salvação).[36] O que significa uma concepção, nem sempre consciente e elaborada, da teologia como momento intelectivo da realidade/realização da salvação. Mas a tentação a se afastar da realidade e a se refugiar num academicismo

---

[36] Cf. GONZÁLEZ, op. cit., p. 50-74; AQUINO JÚNIOR, Francisco. Questões fundamentais de teologia da libertação. *Perspectiva Teológica* 48 (2016), p. 245-268, aqui p. 254-257.

teórico mais ou menos estéril e ineficaz, sobretudo em um contexto social e eclesial adverso como o vivido nas últimas décadas, é muito grande. E não poucos teólogos na América Latina cederam em alguma medida a essa tentação. Continuaram fazendo uma teologia progressista e até defendendo a teologia da libertação, mas já não se ocupando mais com os processos históricos de libertação. Tinham coisas/ temas mais interessantes e atrativos a se ocuparem que a vida e as lutas do povo... Mesmo os debates e a insistência na dimensão pública da teologia – um tema ou pelo menos um conceito que está na moda – parecem mais ligados, quando não reduzidos, ao âmbito teórico-cultural do que aos processos históricos de libertação, comprometendo, ironicamente, a eficácia pública da teologia. É o perigo – real e atual! – de reduzir a teologia a "discurso de discurso" ou "teoria de teoria" sem incidência real e efetiva nos processos históricos de libertação, comprometendo a densidade e relevância da teologia tanto no que tem de teórica (momento intelectivo da práxis) quanto no que tem de teológica (inteligência da realização histórica da salvação ou do reinado de Deus e serviço ao mesmo). Aquilo que Jon Sobrino chama "tendência ao docetismo" na teologia atual.

No ano 2000, a Sociedade de Teologia e Ciências da Religião do Brasil (SOTER) promoveu um congresso continental, celebrando os trinta anos de teologia na América Latina e se confrontando com os problemas e desafios do mundo atual e as perspectivas que se abrem no início do novo milênio. Para isso, foi pedido a vários teólogos que fizessem memória desses trinta anos e de sua trajetória nesse processo e que identificassem alguns desafios atuais para a teologia.

Jon Sobrino escreveu um texto autobiográfico intitulado "Teologia a partir da realidade" e concluiu com "algumas preocupações". A primeira delas diz respeito ao que ele denomina "tendência ao docetismo" na teologia atual:

> O que mais me preocupa na teologia é sua tendência ao docetismo, isto é, a criar um âmbito próprio de realidade que a distancie e a desentenda da realidade real, ali onde o pecado e a graça se fazem presente. Este docetismo, que normalmente é inconsciente, pode muito bem levar ao aburguesamento, isto é, a prescindir dos pobres e vítimas que são maioria na realidade e são a realidade mais flagrante.[37]

Na verdade, o ambiente social e eclesial pouco favorável ou mesmo avesso aos processos de libertação e a tentação constante ao erudicionismo e ao academicismo, própria do mundo acadêmico, fizeram com que muitos teólogos se distanciassem dos processos sociais e eclesiais e concentrassem sua atividade no mundo dos livros e das teorias, produzindo discursos e teorias até bastante progressistas (como boa parte da teologia europeia), mas desconectados dos processos sociais e eclesiais e, por isso, pouco eficazes. Mais

---

[37] SOBRINO, Jon. Teología desde la realidad. In: SUSIN, Luis Carlos (org.). *O mar se abriu*, cit., p. 153-170, aqui p. 168.

que "um momento do processo por meio do qual o mundo é transformado: abrindo-se ao dom do Reino de Deus", como propunha Gutiérrez,[38] a teologia vai se constituindo como um mundo à parte, como escola teológica, como movimento de ideias, como sistema teórico que vive de si e por si, "abandonando, assim, o que foi sua intuição original: ser uma reflexão colada à vida da comunidade eclesial. A vida [...] precedendo e provocando a reflexão teológica".[39] Já no início dos anos 1980, o Pe. Arrupe, superior-geral dos jesuítas e muito ligado à TdL, em visita a El Salvador, afirmava ter a impressão de que a TdL "estava perdendo o *push*, que estava tornando-se demasiado acadêmica".[40] Sem falar da tentação ao modismo ou ao novidadismo cultural com suas plateias e ibopes que, na melhor das hipóteses, relega os pobres/oprimidos com seus sofrimentos e seus processos de libertação a questões secundárias que não despertam mais interesse... Todos nós conhecemos teólogos progressistas desvinculados de processos sociais e eclesiais concretos e envolvidos com temas que consideram mais atuais e mais atrativos que a vida dos pobres/oprimidos e seus processos de libertação...

---

[38] GUTIÉRREZ, Gustavo. *Teologia da libertação*, cit., p. 74.
[39] PALÁCIO, Carlos. Trinta anos de teologia na América Latina: um depoimento. In: SUSIN, op. cit., p. 51-64, aqui p. 60.
[40] Cf. ELLACURÍA, Ignacio. Iglesia en Centroamérica. In: *Escritos Teológicos II*, cit., p. 773-782, aqui p. 779.

Não se trata, aqui, de nenhum tipo de basismo, pragmatismo ou ativismo social/pastoral. Mas, apenas, de levar a sério algo que é determinante do fazer teológico: ser o momento inteligente da fé ou da salvação ou do reinado de Deus, cuja característica mais determinante é a justiça aos pobres e oprimidos e, portanto, estar constitutivamente ligada a processos sociais e eclesiais de libertação... E isso está em profunda sintonia com o processo mais amplo de renovação eclesial proposto e impulsionado pelo Papa Francisco nos termos de "Igreja em saída para as periferias". Também o fazer teológico deve ser inserido nesse processo. A teologia cristã, no que tem de intelecção e no que tem de serviço, deve ser sempre uma teologia em saída para as periferias do mundo, constituindo-se, naquilo que lhe é próprio e específico, em "sinal e instrumento de salvação" no mundo. Está em jogo, aqui, a densidade e relevância da própria teologia. Nas palavras certeiras do Papa Francisco: "Devemos evitar uma teologia que se esgota na disputa acadêmica ou que olha para a humanidade de um castelo de vidro [...] Até os bons teólogos, assim como os bons pastores, têm odor do povo e da rua e, com a sua reflexão, derramam azeite e vinho sobre as feridas dos homens". O teólogo que a Igreja precisa e deve formar "não é um teólogo 'de museu' que acumula dados e informações sobre a Revelação sem, contudo, saber verdadeiramente o que fazer deles nem um 'balconero' da história". Deve ser "uma pessoa capaz de construir humanidade ao seu redor, de transmitir a divina verdade cristã em dimensão deveras humana e não um intelectual sem talento, uma eticista sem bondade nem um burocrata do sagrado".[41]

---

[41] PAPA FRANCISCO. Carta por ocasião do centenário da Faculdade de Teologia da Pontifícia Universidade Católica Argentina. Disponível em: <https://w2.vatican.va/content/francesco/pt/letters/2015/documents/papa-francesco_20150303_lettera-universita-cattolica-argentina.html>.

A MODO DE CONCLUSÃO

Toda essa reflexão nos põe diante de um enorme desafio: enfrentar-nos teologicamente com a realidade em que estamos inseridos, discernindo aí os sinais e os apelos de Deus em sua ação histórico-salvífica. Ela nos devolve à realidade e nos provoca a nos enfrentarmos com ela, configurando-a a partir e em função do reinado de Deus, que tem nos pobres e marginalizados e em suas resistências e lutas seu critério e sua medida permanentes.

E isso tem muitas implicações para o fazer teológico: 1) fazer e entender teologia como um momento da fé da Igreja e do processo mais amplo de realização histórica da salvação ou do reinado de Deus; 2) ser consequente com o caráter histórico e parcial da salvação ou do reinado de Deus, superando toda forma de dualismo e universalismo abstrato; 3) insistir na centralidade dos processos históricos de libertação como sinal e mediação históricos privilegiados da salvação ou do reinado de Deus; 4) não desperdiçar o grande *Kairós* que é o ministério pastoral do Papa Francisco para a Igreja e para o mundo, colaborando no processo de renovação eclesial ("Igreja em saída para as periferias do mundo") e, mais concretamente, no processo de renovação teológica (teologia em saída para as periferias do mundo); 5) levar a sério o fato de que "fora dos pobres não há salvação", permanecendo sempre unidos a eles em suas resistências e lutas e ficando atentos e vigilantes ao risco e à tentação permanentes de "docetismo teológico".

Daí o caráter inconcluso, aberto e prospectivo de nossa reflexão. Ela nos provoca, nos convoca e nos compromete. O desafio está lançado. A fidelidade e criatividade de nossos "pais e mães" na vivência da fé e no fazer teológico e a atuação profética do Papa Francisco nos animam nessa tarefa. Não fujamos ao desafio de nossa "hora". É o tempo e a situação que nos tocam viver e que o Senhor confia à nossa responsabilidade. Os pobres e marginalizados são, nele, juízes e senhores de nossas vidas e de nossas teologias...

SUMÁRIO

Introdução 5

1. "Uma bênção para a humanidade": Densidade teológica das lutas e organizações populares 7

2. Teologalidade das resistências e lutas populares 27

A modo de conclusão 61

Impresso na gráfica da
Pia Sociedade Filhas de São Paulo
Via Raposo Tavares, km 19,145
05577-300 - São Paulo, SP - Brasil - 2018